Felix Brachaczek

Soziale Frage in einem Unternehmen zur Zeit der Industrialisierung am Beispiel der Firma Krupp in Essen von 1850 bis 1887

Spezielle Firmenphilosophie eines Großindustriellen

GRIN Verlag

Bibliografische Information der Deutschen Nationalbibliothek:

Die Deutsche Bibliothek verzeichnet diese Publikation in der Deutschen National-
bibliografie; detaillierte bibliografische Daten sind im Internet über http://dnb.d-
nb.de/ abrufbar.

Impressum:

Copyright © 2010 GRIN Verlag, Open Publishing GmbH
Druck und Bindung: Books on Demand GmbH, Norderstedt Germany
ISBN: 978-3-656-21828-9

Dieses Buch bei GRIN:

http://www.grin.com/de/e-book/191934/soziale-frage-in-einem-unternehmen-zur-
zeit-der-industrialisierung-am-beispiel

GRIN - Your knowledge has value

Der GRIN Verlag publiziert seit 1998 wissenschaftliche Arbeiten von Studenten, Hochschullehrern und anderen Akademikern als eBook und gedrucktes Buch. Die Verlagswebsite www.grin.com ist die ideale Plattform zur Veröffentlichung von Hausarbeiten, Abschlussarbeiten, wissenschaftlichen Aufsätzen, Dissertationen und Fachbüchern.

Besuchen Sie uns im Internet:

http://www.grin.com/

http://www.facebook.com/grincom

http://www.twitter.com/grin_com

Soziale Frage in einem Unternehmen zur Zeit der Industrialisierung am Beispiel der Firma Krupp in Essen von 1850 bis 1887

Spezielle Firmenphilosophie eines Großindustriellen

Inhaltsverzeichnis

1. Einleitung

In meiner Facharbeit habe ich mit dem Thema „ Die **Soziale Frage in einem Unternehmen zur Zeit der Industrialisierung am Beispiel der Firma Krupp in Essen von 1850 bis 1887"** auseinandergesetzt. Mich hat immer schon die Thematik der Sozialpolitik zur Zeit der Industrialisierung interessiert und da das Unternehmen Krupp für seine firmeneigene „ Wohlfahrtspolitik" bekannt war, habe ich entschieden, diese unternehmerische Lösung der sozialen Frage zu untersuchen.

Allerdings ist zu beachten, dass in der Literatur ein extrem ambivalentes Bild der „Krupp'sche Sozialpolitik" vermittelt wird. Daher wird auch Teil der Arbeit sein, die verschiedenen Kontroversen zu analysieren, unterschiedliche Ansichten gegenüberzustellen, zu vergleichen und anschließend eine eigene Bewertung zu formulieren.

Da die „Soziale Frage" während der Industrialisierung ein sehr umfassendes Thema ist, werde ich mich drauf beschränken, sie anhand der Firma Krupp in Essen zu untersuchen. Besonderes Augenmerk liegt dabei nicht auf theoretischen Konstruktionen, sondern auf den praktischen Umsetzungen sozialer Maßnahmen Alfred Krupps. Aufgrund der Tatsache, dass die Firma Krupp ab 1850 enorm expandierte, werden sich meine Analysen auf die Kernfabrik in Essen unter Ausschluss aller Außen- und Zweigstellen beschränken. Dabei wird vor allem der Zeitraum von ca.1850 bis zu Alfred Krupps Tod 1887 berücksichtigt.

Zunächst jedoch werde ich die sozialen Maßnahmen Alfred Krupps auflisten und erklären.

2. Kurzer Überblick über die Firmengeschichte bis zu Beginn des 20. Jahrhunderts

Der 14jährige Alfred Krupp übernahm 1826 den väterlichen Betrieb der „Gussstahlfabrik zu Essen an der Ruhr" mit höchstens 7 Mitarbeitern. Durch verbesserte Rahmenbedingungen wie etwa dem Abbau von Zollschranken ging es mit der Firma Krupp in den nächsten 25 Jahren aufwärts, die Zahl der Beschäftigten wuchs stetig auf rund hundert. Doch war der wirtschaftliche Aufschwung immer wieder bedroht vom zwischenzeitlichen Bankrott. Eine neue Phase begann mit der Eisenbahn, deren Bedeutung für die weitere wirtschaftliche Entwicklung Alfred Krupp früher als andere Unternehmer erkannte und auf die er seinen Produktionsschwerpunkt ab 1849 verlagerte. Denn in den Eisenbahnrädern und gußstählernen Teilen für Lokomotiven und Waggons, Kolbenstangen, Achsen, Federn, Schiffswellen wurde Gussstahl von bester Qualität benötigt, den die Firma Krupp liefern konnte. Eigene Erfindungen wie der Stahlreifen ohne Schweißnaht und die exklusiven Nutzungsrechte des „Bessemer Verfahrens" für Preußen sorgten für beste Qualität, kürzere Produktionsdauer und volle Auftragsbücher. Krupp expandierte rasend schnell. „Die rasche Expansion des Unternehmens führte zu mehrfachen Betriebserweiterungen".[1] Die Zahl der Beschäftigten wuchs bis 1857 von hundert auf tausend und bis 1873 „in immer größeren Sprüngen auf sechzehntausend."[2] Krupp spezialisierte sich zudem seit Beginn der 1850er Jahre in der Rüstungsindustrie, welche in der zweiten

---

[1] Paul, J. :Alfred Krupp und die Arbeiterbewegung, Düsseldorf 1987, S.19
[2] Lothar Gall, Krupp, Der Aufstieg eines Industrieimperiums, Berlin 2000, S. 225

Hälfte des 19. Jahrhunderts ebenfalls zum Produktionsschwerpunkt gehörte und zeitweise die Hälfte des Umsatzes der Firma Krupp ausmachte.[3] Wirtschaftliche Rückschläge bis hin zur drohenden Insolvenz aus den Jahren 1873/1874 begleiteten aber auch weiterhin die Firmengeschichte. Am 14. Juli 1887 starb der 75-jährige Unternehmer Alfred Krupp. Mehr als sechs Jahrzehnte hatte er die Geschicke der Gussstahlfabrik bestimmt und sie zu einem weltweit tätigen Unternehmen mit mehr als 13.000 Arbeitern geformt. Nach Alfred Krupps Tod 1887 übernahm sein Sohn Friedrich Alfred („Fritz") die Leitung und führte die Firma Krupp ganz im Sinne seines Vaters zum größten Industrieunternehmen Europas.

3.Entwicklung des Krupp'schen Sozialsystems

3.1. Versicherung

3.1.1. Krankenkassen

Bereits 1836 wurde von Alfred Krupp eine „freiwillige Krankenkasse" eingerichtet, dieser drohte allerdings um 1850 wegen spärlicher Mitgliederzahlen die Auflösung.

Aufgrund dieser Tatsache wurde die Krankenkasse 1853 von der Firmenleitung neu gegründet, diesmal galt jedoch für alle „Kruppianer", den Arbeitern bei Krupp, eine Beitrittspflicht. Bis 1883 wurden Überschüsse dieser Krankenkasse für arbeitsunfähige Arbeiter ausgezahlt. Dies bedeutete, dass die Krankenkasse gleichzeitig als Pensionskasse fungierte. Allerdings verlangte das „neue" Bismarcksche Sozialgesetz die Trennung von Kranken- und

---

[3] Vgl. ebd., S. 202 ff.

Pensionskassen. 1892 legte wiederum ein neues Krankenkassengesetz fest, dass die Leistungen der Betriebskrankenkassen für alle Mitglieder gleich sein müssten. Da jedoch die freiwilligen Zusatzleistungen für alle Mitglieder zur Erhöhung der Beiträge geführte, beschloss die Firmenleitung 1893 die Einführung einer neuen Krankenkasse, welche im Gegensatz zur alten jegliche Zusatzleistung einschloss. Diese zweite Krankenkasse wurde „Krankenunterstützungskasse" getauft. Die erste Krankenkasse war ab nun nur noch für die gesetzlich vorgeschriebenen Leistungen zuständig.

Seit der Gründung dieser Krankenkasse zahlte Krupp grundsätzlich die Hälfte der Mitgliederbeiträge und die nicht gedeckten Aufwendungskosten.

Die Leistungen der Krankenkasse schlossen Kranken-, Medikamenten- und Sterbegeld sowie das Honorar für die Fabrikärzte ein. Insgesamt waren dafür 12 praktische, drei Augen- und zwei Hals-Nasen-Ohrenärzte eingestellt. Neben den Ärzten stellte Krupp allerdings auch zwei Kontrolleure ein die zur „Ermittlung von Simulanten"[4] dienten

3.1.2 Pensionskassen

1885 wurde die erste eigenständige Pensionskasse für Kruppianer von der Firmenleitung eingerichtet. Vorher wurde Pensionen durch Überschüsse der Krankenkasse gedeckt (vgl. 4.1.1). Anspruch auf

---

[4] Autor unbekannt : Wohlfahrtseinrichtungen der Fried. Krupp'schen Gussstahlfabrik zu Essen zum Besten ihrer Arbeiter, Brüssel 1876, S.43

eine Altersunterstützung von Krupp hatten nur Arbeiter, die mindestens 20 Jahre ununterbrochen bei der Firma Krupp beschäftigt waren und bei denen gleichzeitig zwei Fabrikärzte eine Arbeitsunfähigkeit feststellten. Die durchschnittliche Pension betrug nach 20 Jahren die Hälfte, nach 25 zwei Drittel des letzten Durchschnittslohns und nach 35 Jahren den vollen. Dafür musste jeder Arbeiter zu Beginn der Pensionskasse 1%, später 1,7% und 2,5% des Lohns einzahlen. Krupp zahlte zusätzlich die Hälfte der Lohnbeiträge der Arbeiter, ab 1890 sogar die „Beiträge in derselben Höhe […] wie die Mitglieder"[5]. Umso verwunderlicher ist, dass trotzdem gegen Ende des 19.Jahrhunderts über 90% der Krankenkassenmitglieder leer ausgingen. Jedoch behielt sich die Firmenleitung vor, die Lebensführung der Arbeiter auf Verstöße gegen bürgerliche Moralverstöße zu überprüfen und ggf. die Pension zu entziehen.

3.2 soziale Einrichtungen

Nachdem Essen 1866 von einer Cholera-Epidemie heimgesucht wurde, beschloss Alfred Krupp ein Barackenlazarett zu errichten. Dieses Lazarett wurde 1872 nach dem deutsch- französischen Krieg zu einem firmeneigenen Krankenhaus umgewandelt. Dieses bestand „aus […] drei Baracken, sowie dem Esssaal der Kranken, dem Verwaltungs- und Oekonomie-Gebäude, dem Leichen- und Portierhause"[6]. Neben dem Krankenhaus gab es noch Badeeinrichtungen, welche vor allem für Arbeiter in den

---

[5] Autor unbekannt: Wohlfahrtseinrichtungen der Gussstahlfabrik von Fried. Krupp zu Essen a.d. Ruhr Band 1, Essen 1902, S.89
[6] Autor unbekannt : Wohlfahrtseinrichtungen der Fried. Krupp'schen Gussstahlfabrik zu Essen zum Besten ihrer Arbeiter, o.O. 1882, S.46

Feuerbetrieben der Gussstahlfabrik gedacht waren, und ein Erholungshaus.

3.3 Wohnungen

Krupp hielt sich zu Beginn der Firmengeschichte im Bezug auf Wohnungsbau noch zurück und hoffte auf die Initiative der öffentlichen Verwaltung. Doch die Stadt Essen war in dieser Hinsicht anderer Meinung: „Wohnungsnot [ist] lediglich [...] eine Folge des Emporblühens der Industrie [...] und daher in erster Linie Sache der sich so glücklich entwickelnden Industriellen Werke"[7]. In dieser Beziehung muss man jedoch der Stadt Essen Recht geben, da aufgrund des gewaltigen Wachstums der Gussstahlfabrik der Essener Wohnungsmarkt in jenen Jahren zu kollabieren drohte[8]."Kamen im Jahre 1840 auf ein Essener Wohnhaus im Schnitt 7,5 Bewohner, so nimmt das gleich Haus 1871 schon 15,5 Menschen auf."[9]Diese miserable Wohnsituation und die damit auch erschwerte Anwerbung von neuen Arbeitern zwang das Unternehmen zum Wohnungsbau. Bereits Anfang der sechziger Jahre entstand die noch kleine Siedlung „Westend"[10]. Diese nur wenige Häuser umfassende Siedlung konnte den Bedarf jedoch bei Weitem nicht decken. Daraufhin ließ Alfred Krupp bis 1874 mehr als zweieinhalbtausend Wohnung bauen, „darunter in der Nähe der Fabrik die große, geschlossene Siedlung Kronenberg"[11]. Alle Siedlungen waren an ein Miets-und Arbeitsverhältnis gekoppelt, deshalb bedeutete die Arbeitslosigkeit auch den Auszug aus der

---

[7] Paul. :Alfred Krupp und die Arbeiterbewegung, Düsseldorf 1987, S.115
[8] Vgl. Stenglein, F. : Krupp – Höhen und Tiefen eines Industrieunternehmens, 1998 Düsseldorf, S.40 ff.
[9] Ebd., S.42
[10] Ebd., S.41
[11] Ebd., S.42

firmeneigenen Wohnung. Außerdem gehörten zu jeder Siedlungseinheit meistens auch eine Konsumanstalt (vlg.4.4), eine Parkanlage, Schulen und Versammlungslokale. „Die eigene „Infrastruktur" führte dazu, daß in den Siedlungen, Kolonien genannt, ein ausgeprägtes Eigenleben herrscht, das Krupp ganz recht ist und das er systematisch verstärkt."[12]Beispielsweise durften Fremde bis 1901 den „Kronenberg" nicht einmal betreten[13]

3.4 Konsumanstalten

Alfred Krupp glaubte, dass die umliegenden Krämer seine Arbeiter finanziell abhängig machen würden. Daher freundete er sich mit dem Gedanken an, firmeneigene Einkaufsläden zu gründen.[14] Die Aussicht, auf „sittliche" Weise auf Arbeiter einzuwirken und nebenbei auch noch Steuern zu sparen, sagten ihm sehr zu.[15]Der „Consum", gegründet 1868, offerierte auf Selbstkostenbasis und gegen strikte Barzahlung Lebensmittel, die um 15 bis 25 Prozent günstiger zu haben sind als in den sonstigen Läden der Stadt. Voraus ging bereits 1858 die Eröffnung einer kruppeigenen Bäckerei und 1865 die Gründung eines zunächst genossenschaftlich organisierten Arbeiterkonsumvereins, der von der Firma übernommen wurde.[16]

---

[12] Stenglein, F. : Krupp – Höhen und Tiefen eines Industrieunternehmens, 1998 Düsseldorf, S.43
[13] Ebd., S.43
[14] Stenglein, F. : Krupp – Höhen und Tiefen eines Industrieunternehmens, 1998 Düsseldorf, S.41
[15] Ebd.
[16] Ebd.

3.5 Schule und Unterricht

Da das öffentliche Schulwesen mit der hohen Kinderzahl maßlos überfordert war, baute Krupp eigene Schulgebäude, stellte eigene Lehrer ein und gewährte den Kindern seiner Beschäftigten unentgeltlichen Unterricht.[17]Neben diesen Schulen gab es noch weitere Fortbildungsschulen, deren Besuch den Lehrlingen vorgeschrieben war. Ebenso gab es drei Industrieschulen, die den Zweck hatte, „nicht mehr schulpflichtige Töchter von Arbeitern [...] in der Führung eines einfachen Haushalts auszubilden."[18]

4. Das Krupp'schen Sozialsystem : echte Fürsorge oder Methode zur Erhöhung der Wirtschaftlichkeit?

4.1 Die Kruppsche „Wohlfahrtspolitik" und das Arbeiter–Unternehmer-Verhältnis

Um die praktische Umsetzung der Krupp'schen Wohlfahrtspolitik beurteilen zu können, muss man sich zunächst das Arbeiter-Unternehmer-Verhältnis vor Augen führen. Doch gerade dieses Verhältnis wird in der Literatur sehr gegensätzlich dargestellt.

---

[17] Ebd.,S.42
[18] Autor unbekannt: Wohlfahrtseinrichtungen der Gussstahlfabrik von Fried. Krupp zu Essen a.d. Ruhr Band 1, Essen 1902, S.100

Nach dem von der Firma Krupp vermittelten Bild beruhe das Verhältnis zwischen der Firmenleitung und seinen Beschäftigten auf einer familiären Beziehung. So heißt es beispielsweise in einem Gedenkblatt für seine Arbeiter im Jahre 1887 zu Ehren von Alfred Krupp: Er sei, „ wie ein Vater zu seinen Kindern"[19], „der bei aller seiner vielen und großen Arbeit doch immer ein warmes, stets mitfühlendes Herz für seine Arbeiter bewahrte"[20].

Es ist weitgehend schwierig die Beziehung aus Sicht der Arbeiterschaft zu analysieren, da es dafür keine direkten Zeugnisse gibt. Anders formuliert bleibt die kruppsche Arbeiterschaft „in ihrer breiten Masse weitgehend stumm."[21] Man kann daher nur versuchen, ihre Reaktionen auf sozialpolitische Maßnahmen Alfred Krupps zu interpretieren.

Bis in die 1850 Jahre trugen die Beziehungen noch sehr persönliche Züge eines Meister-Gesellen-Verhältnisses. Dies geht aus Äußerungen ehemaliger Kruppianer hervor: „[…]der Firmenchef erscheine regelmäßig im Betrieb und wechselte mit vielen Arbeitern freundschaftliche und anerkennende Worte"[22].

Das oben beschriebene, fast familiäre Verhältnis zwischen Alfred Krupp und seinen Arbeitern, welches von Firmengründung bis ca. in die 1850 Jahre andauerte, änderte sich ab diesem Zeitpunkt zunehmend. „Diese Entwicklung ist durch drei Stichworte zu kennzeichnen: Entpersönlichung der Arbeitsverhältnisse, zunehmende Anonymisierung der Arbeit und des Arbeiters und eine schärfere Disziplinierung im Zuge wachsender Hierarchisierung und

---

[19] Führ, E., Stemmrich, D.: „Nach gethaner Arbeit verbleibt im Kreise der Eurigen, Wuppertal 1985, S.316
[20] Ebd.,S.315
[21] Gall,L.: Der Aufstieg eines Industrieimperiums, Berlin 2000, S.226
[22] Paul,J.: Alfred Krupp und die Arbeiterbewegung, Düsseldorf 1987, S.39

Bürokratisierung."[23] Jedoch ist bei einer solchen Entwicklung zu beachten, dass sie sich bei der enormen Expansion der Unternehms unmöglich aufhalten lässt. Während sich bei 100 Arbeitern (ca.1850) ein Meister-Gesellen-Verhältnis aufrecht erhalten lässt, ist dies bei mehren tausend Arbeitern nicht mehr möglich.

So geht aus anderen Quellen hervor, dass Alfred Krupp gerade mit zunehmendem Alter seinen Arbeitern mit tiefem Misstrauen begegnet sei. „Wie tief den Arbeitern mißtraut wird, wie wenig Respekt ihre Privatsphäre genießt, zeigt später exemplarisch der Mietvertragspassus, wonach einem Beauftragten der Wohnungsverwaltung „zu jeder Tageszeit" und ohne Voranmeldung Zutritt zu gewähren ist."[24]   Er erwartete absolute Loyalität von seinen Beschäftigten. Er war jedoch der Meinung, dass „man die Schwächen der Menschen […] mildere, wenn man sie väterlich streng an die Hand nimmt: „Der Arbeiter soll sich ordentlich kleiden, [er soll] ordentlich wohnen und sich ordentlich ernähren – ganz einfach Akte der Nützlichkeit und der Nächstenliebe"[25] So versteht Alfred Krupp zeitlebens das Arbeiter-Unternehmer-Verhältnis in den Kategorien der Familie: Der Unternehmer als Vater, der allein entscheidet, dem die Sorge für die Familie anvertraut ist und der in Fürsorge und Strenge sie leitet. Dem gegenüber sind die Arbeiter wie die Kinder in einer Familie zu Dank, Treue und Loyalität verpflichtet. Soziale Wohltätigkeiten waren für Alfred Krupp Ausdruck der Fürsorge, für die er als Gegenleistung Treue, das heißt Bindung an die Firma erwartete.

Einflussnahme von außen widersprach seinem Anspruch alleine für seine „Familie" sprich Firma entscheiden zu können. Daher verbot

---

[23] Ebd.: S.226
[24] Stenglein, F. : Krupp – Höhen und Tiefen eines Industrieunternehmens, 1998 Düsseldorf, S.44
[25] Ebd.,S.41

er seinen Beschäftigten sich politisch zu engagieren: „Nach getaner Arbeit verbleibt im Kreise der Eurigen und sinnt über Haushalt und Erziehung. Das sei Eure Politik, dabei werdet Ihr frohe Stunden verleben."[26] Da Alfred Krupp jedoch genau weiß, dass sich eine derartige Sozialpolitik unmögliche praktizieren ließe, lässt er firmeneigene Bierhallen errichten, welche die Kruppianer besuchen konnten. Sozialdemokratisches Gedankengut ist Alfred Krupp der größte Dorn im Auge. Der Fund einer sozialdemokratischen Zeitung konnte Kündigungsgrund für die Arbeit sein, was gleichzeitig den Auszug aus der firmeneigenen Wohnung und den Verlust der zahlreichen sozialen Unterstützungen und Vergünstigungen bedeutete. Daher waren die Arbeiter gezwungen nicht politisch aktiv zu sein, wollten sie bei der Firma bleiben. Alfred Krupp war ein Meister der betrieblichen Bindung, wobei diese nicht nur auf den Arbeitsbereich beschränkt blieb, sondern dann auch den „privaten" Bereich mit einbezog. So förderte er zeit seines Lebens die Bildung einer eigenen sog. „Infrastruktur", einem ausgeprägten Eigenleben, welches in den Siedlungen von Krupp herrschte (vlg.4.3). Krupp war der Ansicht, dass seine Arbeiterschaft so weniger mit sozialdemokratischem Gedankengut in Verbindung käme. Aus diesem Grunde erlässt Alfred als begeisterter Gesetzgeber ein General-Regulativ, welches das Zusammenleben in der Fabrik, aber auch außerhalb der Werkstore regelt.[27]

Auch der Wohnungsbau, der in manchen Quellen als hervorragendes soziales Engagement gewertet wird, ist durchaus kritisch zu sehen. Wie in 4.3 dargestellt wurde war Alfred Krupp aufgrund der miserablen Wohnungssituation in Essen gezwungen

---

[26] Stenglein, F. : Krupp – Höhen und Tiefen eines Industrieunternehmens, 1998 Düsseldorf, S.43
[27] Ebd.,S.44

Wohnung zu bauen. Ihm war bewusst, dass sich großer ökonomischer Erfolg nur mit einer guten Stammbelegschaft erzielen ließ. Daher schafften die firmeneigenen Wohnungen „ das stärkste Argument, bei der Firma zu bleiben."[28] Ebenso dienten die Konsumläden (vgl.4.4) zur betrieblichen Bindung, da diese „allein und ausschließlich Werksangehörigen offenstehen."[29]

Was sagte nun die kruppsche Arbeiterschaft zu der firmeneigenen Sozialpolitik? Offenbar waren die meisten Kruppianer der Ansicht, manche Einschränkung ihrer persönlichen Freiheit hinzunehmen, „weil ihnen die Vorteile wertvoller erscheinen."[30] Ebenso nicht zu unterschätzen ist der Stolz der „Kruppianer" für ein solch großes Unternehmen und seiner anspruchsvollen Produktpalette arbeiten zu können.[31]Der Preis dafür war eine weitgehende Bevormundung bis hinein in den privaten Bereich.

---

[28] Ebd.,S.41
[29] Ebd.,S.41
[30] Ebd.,S.44
[31] Ebd.,S.44